O PAPAI É POP EM QUADRINHOS

VOLUME 1

Belas Letras

Criado por
Marcos Piangers

Roteiro
Gleison P. Olivo

Arte, cores e letras
Paulo Brancher Filho
e Mekitar Brancher

Edição
Tatiana Yoshizumi
e Gustavo Guertler

Design
Mynk22

Coordenação editorial
Fernanda Fedrizzi

Revisão
Mariane Genaro
Germano Weirich

Dados Internacionais de Catalogação na Fonte (CIP)
Biblioteca Pública Municipal
Dr. Demetrio Niederauer Caxias do Sul, RS

P581p Piangers, Marcos
O papai é pop HQ / Marcos Piangers e Gleison P. Olivo; Arte, cores e letras de Paulo Brancher Filho e Mekitar Brancher . — Caxias do Sul : Belas Letras, 2017.
98 p. : il.

ISBN 978-85-8174-379-0

1. Histórias em quadrinhos. 2. Paternidade. I. Olivo, Gleison P. II. Brancher Filho, Paulo. III. Brancher, Mekitar. IV. Título.

17/32 CDU: 741-02

Catalogação elaborada por
Maria Nair Sodré Monteiro da Cruz CRB-10/904

EDITORA BELAS LETRAS LTDA.
Rua Coronel Camisão, 167
Cep: 95020-420 – Caxias do Sul – RS
Fone: (54) 3025-3888
www.belasletras.com.br

Impresso por Gráfica Pallotti

GRÁVIDOS

EI!!! ENTÃO VOCÊ VAI SER PAPAI?
SHOW!!!
VOCÊ JÁ SABE QUE VAI PRECISAR DE UMA CASA MAIOR...
AFINAL, A CRIANÇA PRECISA DE MAIS ESPAÇO PRA PODER SE DIVERTIR.
AH, E SE VOCÊ MORA EM UM APARTAMENTO PEQUENO, VAI PRECISAR DE MAIS UM QUARTO!

O BERÇO, É ÓBVIO QUE PRECISA SER NOVO...
NÃO VALE AQUELE QUE A VIZINHA SE DISPÔS A EMPRESTAR!
VUPT

E VOCÊ SABE QUE SERÁ NECESSÁRIO TROCAR DE CARRO TAMBÉM !
O SEU ATUAL NÃO É CONFORTÁVEL PRA LEVAR TODA A FAMÍLIA. ELE NÃO É SEGURO.
PRECISARÁ TER SEIS AIRBAGS, NO MÍNIMO! AH! AR-CONDICIONADO DE FÁBRICA! COITADO DO BEBÊ NO VERÃO!
VEJA! EU FUI PAI JOVEM E FIZ TUDO ISSO!

DEPOIS QUASE TIVE QUE TRABALHAR MAIS PRA CONSEGUIR PAGAR AS PRESTAÇÕES...

TIVE, SIM, QUE TRABALHAR MAIS PRA PODER PAGAR A MELHOR CRECHE.
I ♥ COFFEE

NO SUPERMERCADO, APENAS A MELHOR FRALDA.
COMPRAR FRALDA BARATA SIGNIFICARIA AMAR MENOS MINHA FILHA!

ROUPAS DE BRECHÓ? NEM PENSAR!
DE BRINQUEDOS CAROS, O BAÚ TÁ CHEIO...
CHEIO DE CULPA TAMBÉM, POR TER QUE PASSAR TANTO TEMPO TRABALHANDO.

MAS QUER SABER?
RASGA
ISSO NÃO FAZ DIFERENÇA ALGUMA!!!

UM APARTAMENTO GRANDE NÃO FAZ DIFERENÇA...
PORQUE CRIANÇA GOSTA MESMO É DE DORMIR AMONTOADA NA CAMA DOS PAIS!!!
UM CARRO GRANDE NÃO VAI MUDAR NADA...
PORQUE CRIANÇA GOSTA MESMO É DE ANDAR DE BICICLETA!

A MELHOR CRECHE OU A MELHOR ESCOLA...
...NÃO FAZEM DIFERENÇA, SE VOCÊ É O ÚLTIMO A BUSCAR O SEU FILHO.
OS BRINQUEDOS MAIS CAROS NÃO FAZEM DIFERENÇA.
PARA AS CRIANÇAS, NÃO HÁ NADA MAIS DIVERTIDO DO QUE SE EQUILIBRAR NO MEIO-FIO...
OU SER JOGADA PRO ALTO E SER AGARRADA ANTES DE CAIR NO CHÃO.

TÁ AÍ UMA BRINCADEIRA QUE TODAS ELAS AMAM. E TEM A VANTAGEM DE SER DE GRAÇA!
NOSSA TENDÊNCIA É NUNCA ESTAR NO LUGAR ONDE ESTAMOS. COM A FAMÍLIA PENSAMOS NO TRABALHO...
NO TRABALHO PENSAMOS NOS AMIGOS. COM OS AMIGOS PENSAMOS NA FAMÍLIA.
A VERDADE É QUE VOCÊ SABE QUE NÃO PRECISA DE UMA CASA MAIOR, DE UM CARRO MELHOR NEM DA MELHOR FRALDA OU DO BRINQUEDO MAIS CARO.

NO FUNDO VOCÊ SABE QUE SÓ PRECISA ESTAR LÁ...
DE VERDADE!
FIM!

CHEGAMOS, MINHA PRINCESA!
COISAS DE ANITA
CLICK!
CLICK!
UPAAA!!
TAP
TAP
TAP

OPA
OPA
OPA
OPA
OPA
OPA
TCHARAAAM!
TCHAU, PAPAI!!! TCHAU, ANITA!!!
TCHAU, MEU AMORZINHO. BOA AULA. NÓS TE AMAMOS!
HU, HU, HU, HU, HU!
ADORO ESTA PARTE DO DIA!

QUE HORA É ESTA, PAPAI?
A HORA EM QUE VAMOS À CONFEITARIA!
HMM...
SÉRIO? NÃO SABIA DISSO! *COOOOOL*!
MAS EEEI! VOCÊ NEM É TÃO FÃ DE DOCES ASSIM.
EU SEI, AMOR. É QUE VER VOCÊ COMENDO O APFELSTRUDEL, O MIL FOLHAS DE DOCE DE LEITE, AS CAROLINAS DE CREME...
SÉRIO, EU FICO ORGULHOSO!
HMM... COMO ASSIM?
É QUE, ATÉ HOJE, SÓ CONHECI UMA PESSOA QUE DOMINA A INCRÍVEL TÉCNICA DE COMER ESSAS DELÍCIAS DE MANEIRA TÃO FOFA!
SÉRIO? QUEM?
VOCÊ!!!
AFF
HA, HA. NEM É PRA TANTO!

ISSO PORQUE VOCÊ NUNCA SE VIU COMENDO UM STRUDEL, OU MELHOR, UMA ÉCLAIR DE CHOCOLATE.
ÓBVIO, NÉ! COMO EU PODERIA FAZER ISSO?
JÁ SEI, PAPAI!!! TENTE DESCREVER A CENA QUE VOU IMAGINAR.
OK! ENTÃO FECHE OS OLHOS!
JÁ ESTÃO PAPAI!
BEM... LÁ VEM O GARÇOM COM UM PRATINHO.
E NELE, UMA ÉCLAIR DE CHOCOLATE!

VOCÊ NEM LIGA PRO GUARDANAPO, POIS VAI LAMBER OS DEDINHOS DEPOIS.
COM O INDICADOR E O DEDO MÉDIO, VOCÊ SEGURA A PARTE DE CIMA, CHEINHA DE CHOCOLATE.
CHOMP!
CHOMP!
CHOMP!
QUANDO PARECE QUE ELE VAI TRANSBORDAR, VOCÊ RAPIDAMENTE PÕE O DOCE NA BOCA!
UMA MESA AO LADO COM DUAS SENHORAS SUSSURRA...
QUE FOFURA...
NESSE MESMO MOMENTO, PERCEBE-SE UMA PARTE DO RECHEIO DA ÉCLAIR...
ELE ESTÁ ESCAPANDO PELO OUTRO LADO DA MORDIDA....
CALMAMENTE VOCÊ GIRA O PRATO 180 GRAUS. É HORA DE MORDER O OUTRO LADO.
A NOVA BOCADA ATINGIRÁ O DELICIOSO RECHEIO QUE RESTOU.
NHAC!

E ASSIM SEGUE POR MAIS ALGUNS MINUTINHOS.
SÃO MORDIDAS, GIROS DE 180 GRAUS E LAMBIDA NOS PEQUENOS DEDINHOS.
UMA FOFURA SÓ
E CLARO, UM MONTE DE GENTE OBSERVANDO AQUELA MENINA FAZENDO SUAS ACROBACIAS GASTRONÔMICAS DA MANEIRA MAIS AMÁVEL DO MUNDO.
EU, COM MEU CAFEZINHO, SÓ OBSERVO E ME ENCHO DE ORGULHO.
QUANDO VOCÊ CHEGA NA PARTE FINAL, VEM O PRIMEIRO GUARDANAPO DO DIA.

HMMM...
HMM?
MAS EEEI, ESPERA AÍ!
AINDA TEM UM PEDACINHO, PAPAI!
AÍ É QUE ESTÁ O DETALHE...
CALMAMENTE VOCÊ PEGA A PARTE INFERIOR DA ÉCLAIR E COLOCA NA BOCA. NADA DE DEDOS OU BOCA SUJA DE CHOCOLATE!

NOSSA! COMO VOCÊ É DETALHISTA, PAPAI!
TUDO ISSO POR CAUSA DE UMA ÉCLAIR.
PRA MIM, MEU AMOR, É MUITO MAIS QUE UMA SIMPLES ÉCLAIR.
É UMA DAS PESSOAS MAIS IMPORTANTES DO MUNDO SABOREANDO UMA DAS COISAS MAIS DELICIOSAS DO MUNDO!
HILDA
DOCES
GREAT!!!
AGORA VAMOS? PORQUE ISSO ME DEU UMA FOOOOME!
ABERTO
FIM!

QUEM NUNCA?
BUÁÁ!

AFF... AMOR,
A AURORA NÃO
PAROU DE CHORAR
O DIA TODO!
HA, HA, HA!
SEI...
PODE DEIXAR
COMIGO.
PORQUE, COM O
PAPAI, LOGO ELA
SE ACALMA E
DORME RAPIDINHO!
HMM...
BOM... VAMOS
LÁ, ENTÃO!

AMOR...
NÃO QUERO
TE DESANIMAR
NEM NADA...
MAS EU TÔ FAZENDO
ISSO HÁ PELO MENOS
3 HORAS!!!
JÁ TENTEI
ISSO UMAS
47 VEZES!
ESPERA AÍ..
DEIXA EU TENTAR
ALGO QUE LEMBREI
E TALVEZ FUNCIONE!

BUÁÁ!
PRONTO, PRONTO... VEM COM A MAMÃE.
NHÉEEEE!
UHMMM... UHMMM...
BUUu...
...
SABE, QUERIDA, LI UMA VEZ QUE O CHORO DE UMA CRIANÇA É UM SOM DESENVOLVIDO PRA CRIAR NOS PAIS UM SENTIMENTO DE TERROR E PÂNICO, EM UMA ÉPOCA EM QUE UMA CRIANÇA INDEFESA NO MEIO DA FLORESTA PRECISAVA SEMPRE DE ATENÇÃO.

SEMPRE ME QUESTIONO SE, JÁ QUE AGORA MORAMOS EM APARTAMENTOS ACONCHEGANTES, NÃO SERIA O CASO DO CHORO DO BEBÊ EVOLUIR PRA UM PEDIDO CALMO E EDUCADO?
TIPO UM...
MAMÃE, PAPAI. ALGUÉM PODERIA ME AJUDAR, POR FAVOR?
UM DIA CHEGAREMOS LÁ, SE DARWIN QUISER, AMOR.

...
BÜU
UUU
...
JÁ SEI! O CARRO!!! BEBÊS SEMPRE DORMEM EM CARROS!!!
MAS, QUERIDO! JÁ É MEIA-NOITE!
NÃO SE PREOCUPE, AMOR. LOGO ESTAREMOS DE VOLTA!
BUÂÂ!!!...
PREPARE-SE PRA FICAR COM SONO, XAROPINHA!

BUÁÁ!
BUÉÉ!
BUÍÍ!
BUÓÓ!

UMA HORA DEPOIS...
BU UUU
SÉRIO!
AAAI! SÉRIO QUE NEM ISSO FUNCIONOU?
TENTEI TODO TIPO DE TRAJETO. CURVAS, RETAS, SUBIDAS, DESCIDAS, E NADA...
VOU TROCAR A FRALDA PELA MILÉSIMA VEZ PRA VER SE FUNCIONA!
ISSO! E EU VOU FAZER UM MAMÁ!
TALVEZ UM BANHO MORNO...
NHÉÉ!
BU UU
BUÁÁÁÁÁÁÁÁ
QUERIDA, FALTA UMA HORA PRA CRECHE ABRIR. VOU ARRUMAR AS COISAS E DAQUI A POUCO A LEVO! PODE SER?
SIM, POR FAVOR..

BUÁÁÁÁÁÁÁ!!!
BUÁÁÁÁÁÁÁ!!!
CALMA, FILHOTA, JÁ ESTAMOS QUASE CHEGANDO...
PRONTO! CHEGAMOS, FILHINHA. PAPAI JÁ TE TIRA DA CADEIRINHA!
FILHOTA, CHEG...
QUÊ?!

BABA
BABA
Z Z Z Z Z
CLICK
OOWNT! QUE DOÇURA! DORME QUE NEM UM ANJINHO!
DEVE SER TÃO TRANQUILO CUIDAR DELA...
Z Z Z Z
AHAM!
FIM!

O TROCO

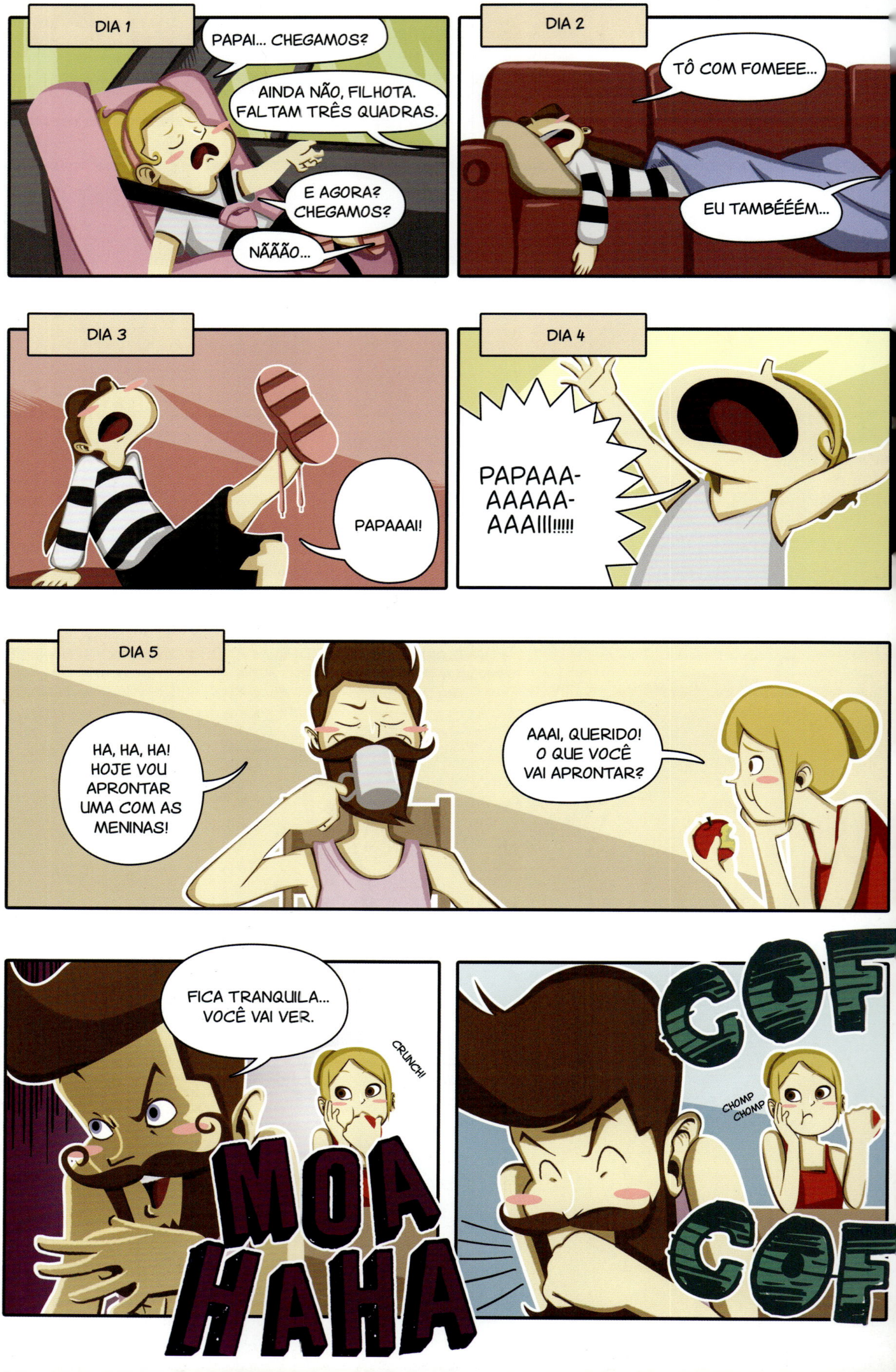
DIA 1
PAPAI... CHEGAMOS?
AINDA NÃO, FILHOTA. FALTAM TRÊS QUADRAS.
E AGORA? CHEGAMOS?
NÃÃÃO...
DIA 2
TÔ COM FOMEEE...
EU TAMBÉÉÉM...
DIA 3
PAPAAAI!
DIA 4
PAPAAA-AAAAA-AAAIII!!!!!
DIA 5
HA, HA, HA! HOJE VOU APRONTAR UMA COM AS MENINAS!
AAAI, QUERIDO! O QUE VOCÊ VAI APRONTAR?
FICA TRANQUILA... VOCÊ VAI VER.
CRUNCH!
MOA HAHA
COF
CHOMP CHOMP
COF

A CAMINHO DE CASA...
VRUUM
JÁ CHEGAMOS?
NÃO, UÉ!
JÁ CHEGAMOS? FALTA MUITO?
NÃÃ-ÃÃ-ÃO!!
VAI DEMORAR? QUANTO TEMPO?
CALMA, PAPAI!!! JÁ VAMOS CHEGAR!!!
PFF...

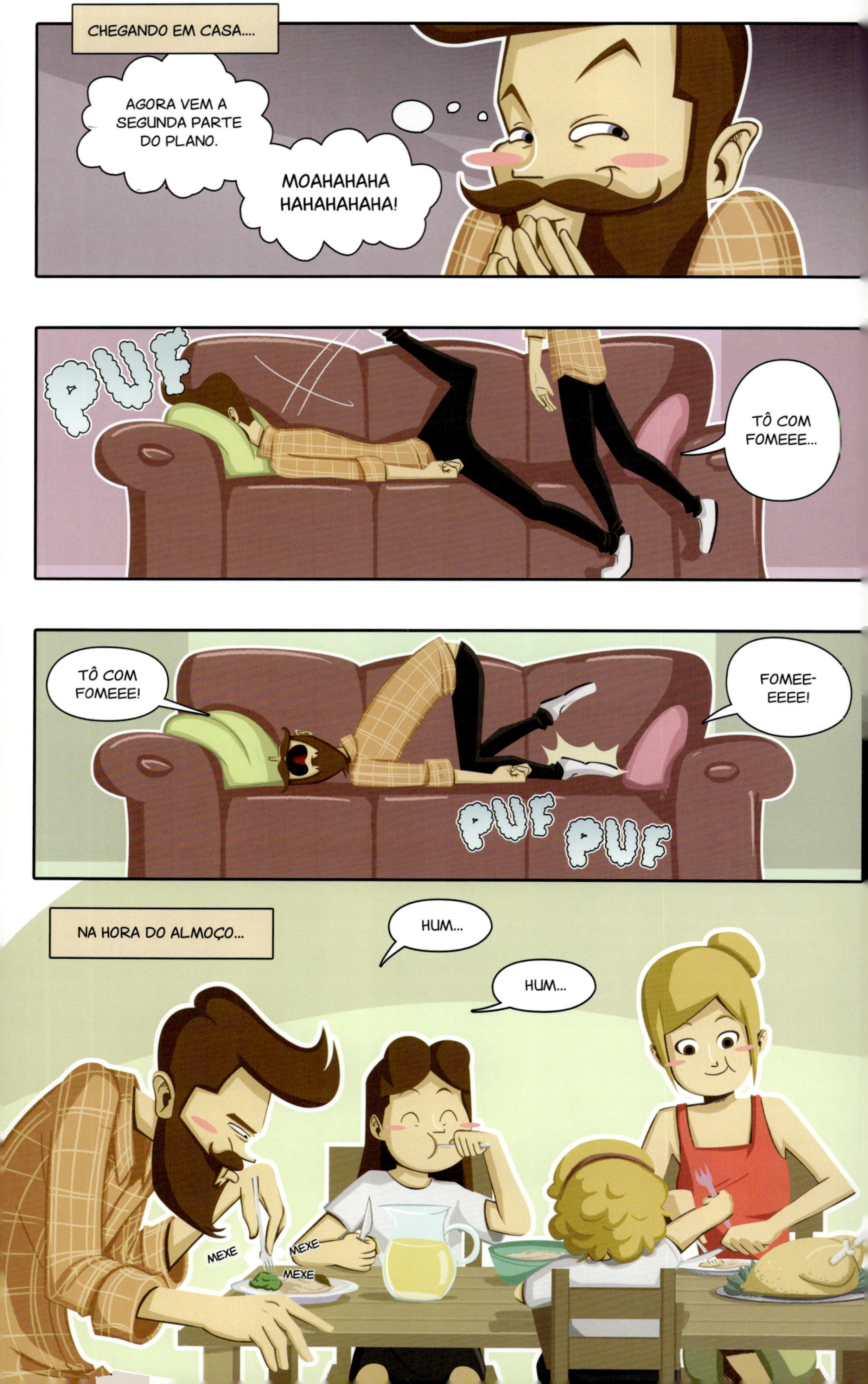

CHEGANDO EM CASA....
AGORA VEM A SEGUNDA PARTE DO PLANO.
MOAHAHAHA HAHAHAHAHA!
PUF
TÔ COM FOMEEE...
TÔ COM FOMEEE!
FOMEE-EEEE!
PUF PUF
NA HORA DO ALMOÇO...
HUM...
HUM...
MEXE
MEXE
MEXE

HMMMM... NÃO QUERO COMER ISSOO!
MENINAS, ME AJUDEM A SERVIR O SUCO?
MAS ESTÁ NA SUA FRENTE, PAPAI!
MAS EU NÃO CONSIGO! BUU, BUU...
FILHAS, PODEM AMARRAR O MEU TÊNIS??
MAS, PAPAAAAI!
NÃO ACHA QUE JÁ ESTÁ BEM GRANDINHO PRA ISSO???

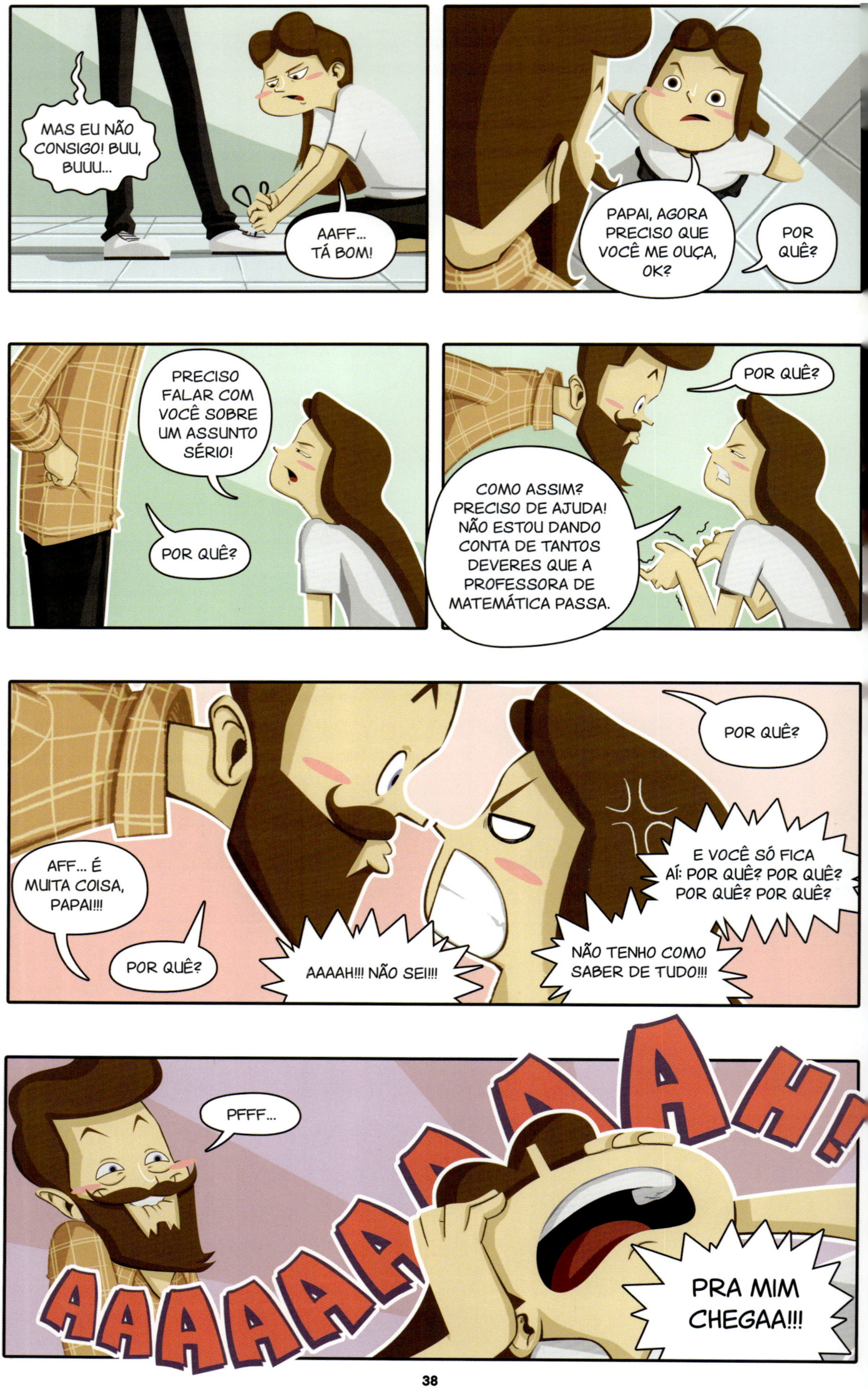
MAS EU NÃO CONSIGO! BUU, BUUU...
AAFF... TÁ BOM!
PAPAI, AGORA PRECISO QUE VOCÊ ME OUÇA, OK?
POR QUÊ?
PRECISO FALAR COM VOCÊ SOBRE UM ASSUNTO SÉRIO!
POR QUÊ?
POR QUÊ?
COMO ASSIM? PRECISO DE AJUDA! NÃO ESTOU DANDO CONTA DE TANTOS DEVERES QUE A PROFESSORA DE MATEMÁTICA PASSA.
AFF... É MUITA COISA, PAPAI!!!
POR QUÊ?
AAAAH!!! NÃO SEI!!!
NÃO TENHO COMO SABER DE TUDO!!!
E VOCÊ SÓ FICA AÍ: POR QUÊ? POR QUÊ? POR QUÊ? POR QUÊ?
POR QUÊ?
PFFF...
AAAAAAAAAAAH!
PRA MIM CHEGAA!!!

NO OUTRO DIA...
COCHICHA
COCHICHA
HI, HI, HI,
HI, HI, HI...
COCHICHA
COCHICHA
COCHICHA
COCHICHA
POSSO SABER DO QUE VOCÊS ESTÃO RINDO?
E ESSES COCHICHOS?
NADA, NÃO, PAPAI!
HUMM...
HUMMMM...
BEM... VOU TRABALHAR.
SMACK
ATÉ LOGO, MEUS AMORES!
HMMM... ESSAS AÍ ESTÃO APRONTANDO ALGUMA COISA.
TCHAU, PAPAI!

BAM
QUERIDAS, CHEGUEI!!!
CHEGANDO EM CASA...
JÁ PRO BANHO!!!
JÁ PU BANHU!!!
?
EEEI, PERAÍ!!!
QUEM MANDA AQUI SOU EU!!!
JÁ PU BANHU!!! TÔ BABA!!!
SE NÃO FOR PRO BANHO AGORA, VAI FICAR SEM CELULAR!!!
EITA!!! TÔ INDO!
VUP

NA HORA DA JANTA...
CHOMP
CHOMP
CHOMP
É BOM VOCÊ COMER TUDINHO, HEIN!!
ATÉ O BÓCOLIS!
MUITO BEM!
AGORA, VÁ JÁ ARRUMAR O QUARTO!
MAS... MAS...
XIIIII!!! NADA DE "MAS"!
OK...

VAMOS LOGO QUE ESTÁ NA HORA DE ESCOVAR OS DENTES!
E BEM ESCOVADINHO, HEIN!
ESCOVA
ESCOVA
ESCOVA
ESCOVA
ESCOVA
PELO MENOS EU POSSO ASSISTIR A UM POUQUINHO DE TELEVISÃO ANTES DE DORMIR?
NADA DISSO! HORA DE DORMIR!
AMANHÃ TEM QUE ACORDAR CEDINHO!
BOA NOITE. DURMA COM OS ANJOS!

CLICK
CLICK
HI HI HI HI HI HI
...
HA, HA, HA...
GRACINHAS.
FIM!

GRÁVIDA NO CARNAVAL
HÁ ALGUNS ANOS...
GAZETA
QUERIDA, PENSEI EM PASSARMOS O CARNAVAL NO RIO DE JANEIRO, MAS SE NÃO QUISER IR, POR CAUSA DA GRAVIDEZ, SEM PROBLEMAS.
VAMOS, AMOR! ACHO QUE NÃO VAMOS TER GRANDES PROBLEMAS. TENHO CERTEZA DE QUE CONSEGUIREMOS CURTIR!
ASSIM, A AURORA JÁ COMEÇA A ENTRAR NO CLIMA FESTIVO DA NOSSA FAMÍLIA ANTES MESMO DE NASCER! HA, HA, HA, HA!
HA, HA, HA! BOA!
MAS, QUERIDO, ONDE VAMOS NOS HOSPEDAR?

SE LEMBRA DO ALEX? AQUELE NOSSO AMIGO DE FRANKFURT? ELE ALUGOU UMA CASA NA BARRA DA TIJUCA E NOS CONVIDOU PRA FICARMOS JUNTO COM A FAMÍLIA DELE NO CARNAVAL.
LEGAL, MAS VAI TER LUGAR PRA TODO MUNDO? ELE TEM TRÊS FILHOS E A ESPOSA...
AH! E NÓS TEMOS A ANITA TAMBÉM!
TEM, SIM! ELE ME DISSE QUE A CASA É NUM CONDOMÍNIO MARAVILHOSO E AINDA TEM PARQUINHO PARA AS CRIANÇAS BRINCAREM COM A ANITA.
!
AQUELES PARQUINHOS LINDOS, MAS QUE NINGUÉM LEVA AS CRIANÇAS. EU ATÉ HOJE NÃO ENTENDO O MOTIVO DISSO... HA, HA, HA, HA!
GAZETA
PERFEITO! ENTÃO...
PARTIU RIO DE JANEIRO!

CHEGANDO NO RIO DE JANEIRO...
QUERIDO, SEMPRE TIVE O SONHO DE DESFILAR NA SAPUCAÍ.
SERÁ? TENHO UM POUCO DE RECEIO...
VAI SER LEGAL, FICA TRANQUILO! E VOCÊ SABE, EU NÃO BEBO ÁLCOOL.

NO DIA SEGUINTE, NA SAPUCAÍ.
NOSSA, QUERIDA, VOCÊ ESTÁ COM UMA DISPOSIÇÃO DE ADOLESCENTE!
POIS É, ESSE SAMBA ENREDO DA UNIDOS DA TIJUCA ME ANIMA!
QUEM SOME NA MULTIDÃO ESCONDE A SUA VERDADEIRA IMAGINAÇÃO. O HERÓI JAMAIS REVELA A IDENTIDADE...
O PROBLEMA É ESSE CHEIRO DE XIXI MISTURADO COM SUOR DE LOTAÇÃO E CERVEJA MORNA... UGGGHHHH, MEU ESTÔMAGO TEM VONTADE DE DEVOLVER ATÉ A JANTA DA SEMANA PASSADA!

Splash
HA, HA, HA! MAS, AO MESMO TEMPO QUE TE DEIXA MEIO ENJOADA, TEM MUITO TURISTA ANIMADO POR AQUI.
DÁ UMA OLHADA NAQUELE GRINGO. ESCORREGOU E CAIU DE COSTAS NO PARALELEPÍPEDO CHEIO DE XIXI!
DE VOLTA AO CONDOMÍNIO.
Ô, ALEX, TÔ IMPRESSIONADO COM A EDUCAÇÃO DOS SEUS FILHOS. TRÊS MENINOS E A CASA AINDA ESTÁ DE PÉ! ELES SÃO MUITO CALMOS E EDUCADOS.
OBRIGADO, MARCOS. NA ALEMANHA A EDUCAÇÃO É O PILAR CENTRAL NA FORMAÇÃO DAS CRIANÇAS.
ME DIGA... QUANDO A ANITA NÃO SE COMPORTA, O QUE VOCÊS FAZEM?
TRÊS DIAS SEM TV!

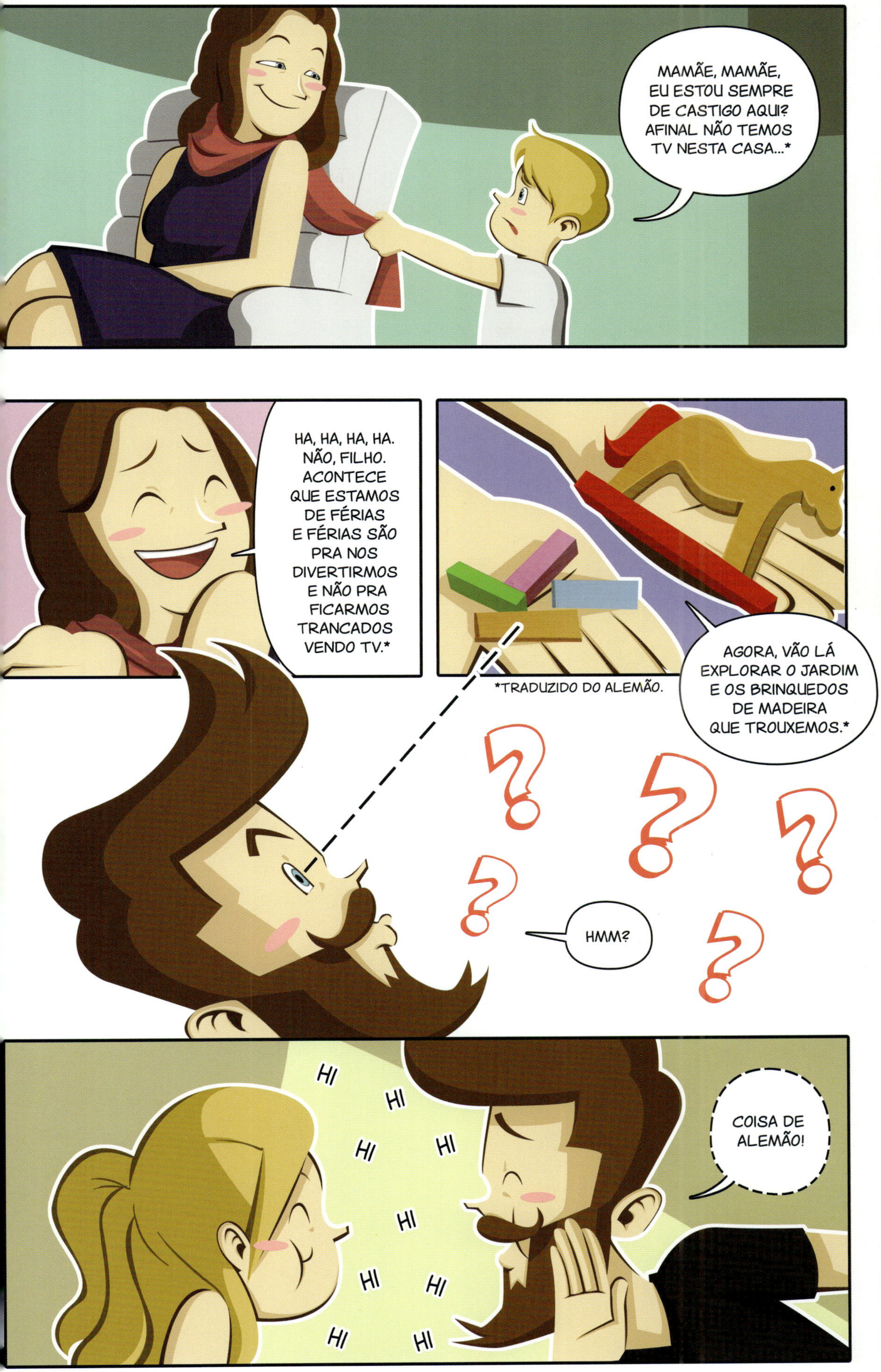
MAMÃE, MAMÃE, EU ESTOU SEMPRE DE CASTIGO AQUI? AFINAL NÃO TEMOS TV NESTA CASA...*
HA, HA, HA, HA. NÃO, FILHO. ACONTECE QUE ESTAMOS DE FÉRIAS E FÉRIAS SÃO PRA NOS DIVERTIRMOS E NÃO PRA FICARMOS TRANCADOS VENDO TV.*
AGORA, VÃO LÁ EXPLORAR O JARDIM E OS BRINQUEDOS DE MADEIRA QUE TROUXEMOS.*
*TRADUZIDO DO ALEMÃO.
HMM?
HI HI HI HI HI HI HI HI HI
COISA DE ALEMÃO!

NO DIA SEGUINTE...
FILHINHA! VAMOS LOGO... O BAILINHO DE CARNAVAL DO CONDOMÍNIO JÁ COMEÇOU!
CHEGANDO!!! CHEGANDO!!!
BZZ!
BZZ!
HEY HEY HEY
PAPAI, PAPAI! ELES CONSEGUEM ENTENDER ALGUMA COISA DA MÚSICA?

TOQUE
ACHO QUE NÃO, QUERIDA, MAS O IMPORTANTE É SE DIVERTIR! VAI LÁ VOCÊ TAMBÉM!
EBAAA!
MEIA HORA DEPOIS...
HMM?
AMOR, VOCÊ VIU A ANITA POR AÍ?
DEIXA EU VER...
ELA ESTAVA AL...
HÃÃ...
PROBLEMAS? NÃO ME DIGA QUE PERDEU ELA DE VISTA!
CALMA, QUERIDA. VEJA BEM: SE PERDERMOS NOSSA FILHA NUM CONDOMÍNIO CHIQUE NA BARRA DA TIJUCA, A PIOR COISA QUE PODE ACONTECER É A VIDA DELA MELHORAR!

ELA VAI ESTUDAR EM UM COLÉGIO CARO...
E FARÁ CONTATOS ENTRE OS MAIORES EMPRESÁRIOS DO BRASIL!
REENCONTRAREMOS ELA DAQUI A UNS ANOS COMO PRESIDENTE DO HSBC!
E A GENTE, JORNALISTAS DE BLOG CHEIO DE BANNER BAGACEIRO! HA, HA, HA, HA!
AI, MARCOS, COMO VOCÊ CONSEGUE BRINCAR COM UM ASSUNTO SÉRIO?! ESTOU PREOCUPADA!
ALI!!! ACHEI!!!
QUERIDA! ANITA! VEM!!!
AAI, PAPAI, QUERO ÁGUA. ESTOU COM SEDE!

NO DIA SEGUINTE...
ALEX, MEU AMIGO, FOI ÓTIMO ESTAR COM VOCÊS! VAMOS APROVEITAR MAIS UNS DIAS EM PARATY.
TCHAAAAU!
MAIS TARDE...
VEM, QUERIDA. HOJE VAMOS TE ENSINAR A NADAR.
PAPAI, VAMOS NA CACHOEIRA?
CLARO, MEU AMOR!
OLHA!!! PEIXINHOS!!!

QUERIDO, ESTOU ADORANDO ESTE LIVRO!
LEGAL! VOCÊ VIU QUE NESTA ILHA TEM UMA ÁRVORE DE PITANGAS?
NÃO! VAMOS LÁ PEGAR!
HMM... DELÍCIA!
CHOMP
CHOMP
CHOMP
AMOR, COMO SERÁ A NOSSA AURORA?
SERÁ QUE VIRÁ UMA RUIVINHA DE PERSONALIDADE FORTE E BRABA COMO A IRMÃ?

EM MEADOS DO MÊS DE MAIO...

HMMM...
PARECE QUE
ALGUÉM ESTÁ
COM FOME.
BUÁ-ÁÁÁ!
O SEGUNDO FILHO
É SEMPRE MAIS
TRANQUILO, NÉ,
QUERIDA?
SIM! EMBORA ESSE CHORO NÃO SEJA UM CONFORTO PROS PAIS, SABEMOS QUE É APENAS UMA NECESSIDADE. E AQUELE PAVOR QUE DAVA COM A ANITA, JÁ NÃO SENTIMOS TANTO COM A NOSSA PEQUENA AURORA.
ANA! OLHA SÓ! ACABAMOS DE RECEBER UM E-MAIL DA FAMÍLIA DO ALEX!
TEC
TEC
TEC
TEC

SÉRIO? E AÍ? O QUE ELES CONTAM?
HA, HA, HA, TEM UNS ERRINHOS DE PORTUGUÊS, MAS DÁ PRA ENTENDER! ELE DIZ AQUI QUE ESTÃO TODOS MUITO BEM E COM SAUDADES DA NOSSA COMPANHIA.

OOOWNT! QUE FOFOS! RESPONDE COM CARINHO, AFINAL, QUEM SABE UM DIA A GENTE POSSA PASSAR UM CARNAVAL EM FRANKFURT?!

HA, HA, HA, HA! LEGAL! NÃO SERÁ UM CARNAVAL NA CIDADE MARAVILHOSA, MAS TENHO CERTEZA DE QUE SERÁ UM ENCONTRO EM UMA BELA CIDADE...
SEM UM CALOR INFERNAL, COM O AROMA DE XIXI E SUOR E, CLARO, OS BLOCOS DE CARNAVAL TÃO ARRISCADOS QUANTO A NOSSA VIDA NESTE LADO DO MAPA.
FIM!

PASSEIO NO SHOPPING
PAPAI, PAPAI!! VAMOS AO SHOPPING, PAPAI?
TEC TEC
TEC TEC
HMMM... SERÁ?
TEC TEC
TEC TEC TEC
VAMOS, PAPAI? VAMOS? VAMOS? VAMOS? VAMOS?
OK, VOCÊ GANHOU!

MAIS TARDE...
PAPAI, HOJE É UMA ÓTIMA OPORTUNIDADE PRA COMPRARMOS AQUELA MOCHILA NOVA DE QUE ESTOU PRECISANDO...
PAF PAF
HMMM...
ACHO QUE NÃO, FILHOTA. VAMOS APENAS PASSEAR, SEM COMPROMISSO COM LOJAS E COMPRAS, OK?
MAS, PAI! ALÉM DA MOCHILA, EU TAMBÉM PRECISO DE UMAS PULSEIRAS DE ZÍPER.
ELAS ESTÃO SÚPER NA MODA.
AAAH, E MAIS ALGUMAS COISINHAS QUE VI NA TV E QUE AS MENINAS DA ESCOLA ESTÃO USANDO!
BUEÊÊÉ

O QUE FOI,
MEU AMOR?
PAF
PAF
NÃO *QUELO*
FICÁ NA
TADELINHAA!!!
PAF
CALMA, MENINAS.
JÁ ESTAMOS
QUASE CHEGANDO...
POXA VIDA...
ONDE VOU
ESTACIONAR?
MINHA NOSSA!

UFAAA!! ACHEI UMA VAGA!
BUÁÁ
PRONTO! O QUE FOI, ANITA?
VOCÊ DISSE QUE NÃO VAI COMPRAR MINHA MOCHILA HOJE!
CALMA....
AURORA, PARA DE CHUTAR O BANCO. NÃO CONSIGO TE TIRAR DA CADEIRINHA!
NHÉÉÉÉÉÉ
NHÉÉÉÉ
PAF
PAF
PAF
URGH! URGH!
NOSSA... JÁ ESTOU MUITO CANSADO, QUERIDA!
HUM HUM HUM

ANITA, POR FAVOR... VAMOS, MEU AMOR.
NÃO...
FILHA, VAMOS...
PENSA! VOCÊ PODE ANDAR DE ESCADA ROLANTE QUANTAS VEZES QUISER!
TÁ BOM!
NO SHOPPING...

QUERIDA, VAMOS FICAR DE OLHO NELAS...
SIM... MAS ONDE ESTÁ A AURORA?
HM?
NA LOJA DE DOCES!
E A ANITA?
ALI NA LOJA DE BRINQUEDOS.
ONDE???
AGORA JÁ ESTÁ ALI NA LOJA DE BALÕES.
YAY
YAAAAY
FILHA, O QUE A GENTE COMBINOU?
NADA DE COMPRAS!

MAS, PAPAI, É SÓ UM *CHIQUETINHU*...
MAS, MEU AMOR, ESSE CHICLETE CUSTA 17 REAIS!!!
$ $ $
AAAH, PAPAI...
OWNNT
NÃO, FILHOTA... SEM CHANCE!
BUÉÉÉÉ
QUERIDA, CUIDA UM POUCO DA AURORA?
PRECISO VER UMA COISA NESTA LOJA.
PRONTO, PRONTO...
BUUUH BUUUH
HMMM... NÃO TINHA O PRODUTO DE QUE EU PRECISAVA.
BOM, AMOR... HORA DE FAZER O MAIS DIFÍCIL: ACHAR O QUIOSQUE PRA PAGAR O ESTACIONAMENTO!

EU TENHO A FORÇA
SABE... ACHO QUE ESSES QUIOSQUES FICAM EM LOCAIS DE DIFÍCIL ACESSO SÓ PRA FICARMOS CIRCULANDO, CIRCULANDO....
E, QUEM SABE, FAZERMOS MAIS ALGUMAS COMPRAS.
HA, HA, HA! VERDADE!
DAQUI A POUCO, TEREMOS QUE PERGUNTAR AOS SEGURANÇAS ONDE FICAM OS QUIOSQUES.
E ENTÃO APARECERÁ UM SENHOR MISTERIOSO COM UM ***PEN DRIVE*** SECRETO QUE POSSUI AS COORDENADAS DE LATITUDE E LONGITUDE!
AAAI, AMOR... VOCÊ ANDA ASSISTINDO A MUITOS SERIADOS POLICIAIS. HA, HA, HA!
ESPERA AÍ!!! CADÊ AS MENINAS?

PAPAAI
NO ESTACIONAMENTO...
URGH! URGH! NÃO ABRE!
BUÁA
CALMA, ANITA!
PAPAI JÁ VAI TE AJUDAR!
FILHOTA, NÃO ADIANTA CHORAR! VAI TER QUE FICAR NA CADEIRINHA.
É PRA SUA PRÓPRIA SEGURANÇA.
UFA...
BAM
ATENÇÃO, MENINAAS! TODAS A BORDO??

SIIIIIIIIIM
ENTÃO VAMOS LÁ!
APESAR DE TODA A CORRERIA, DE TODO O CANSAÇO...
ESSA IMAGEM FAZ TUDO VALER A PENA!
FIM!

YES!
EBAA
OBAAA!!! VAMOS PRO CARIBE, FAMÍLIA!
GT64
San Juan
12:00
04:50
A MELHOR VISTA PRA QUEM SAI,
PRA QUEM ENTRA.
EBAA, MUCHACHOS!
OBAAA!
O QUE É CALIBE?

NO HOTEL...
PÓIN
PÓIN
PÓIN
DORMITÓRIO 403, POR FAVOR!
SÍ, SEÑOR!

HM!
HM!
HM!
CLICK
CLICK
GRACIAS!
BAM!!!
TCHA-RAAN!
!!!
?

UÉ?
AMOR... NÃO ERA PRA TERMOS UMA VISTA PELO MENOS UM POUQUINHO MELHOR? AFINAL, ESTAMOS NO CARIBE!!!
POIS É... ESSA VISTA É PRA UM CENTRO DE CONVENÇÕES!
PODEMOS CLASSIFICAR COMO A PIOR DO MUNDO.

E A OUTRA JANELA? COMO É, QUERIDA?
TÃO RUIM QUANTO!
PUTS! SÉRIO ISSO?
SIM... DÁ PARA AS JANELAS DOS OUTROS QUARTOS!
ENFIM... ESTAMOS TODOS VOLTADOS PRA ESSE CENTRO DE CONVENÇÕES...
ESPERO QUE ROLE UNS EVENTOS LEGAIS, PELO MENOS!
BOM... É MELHOR SAIRMOS DESTE QUARTO FRIO...
E IRMOS PARA A PRAIA!!!
LET'S GO, GALERA!!!

DE VOLTA AO HOTEL...
PAPAI, PAPAI!!! ESTÁ TENDO UMA FESTA ALI!

NOSSA, PARECE UMA FESTA DE 15 ANOS!
MAS QUAL É O MOTIVO DA MENINA ESTAR TÃO PINTADA?
PARECE UMA DAS SUAS BONECAS FROZEN. HA, HA, HA...
PFF...
PFF...
BEM... É MELHOR IRMOS DESCANSAR. AMANHÃ SERÁ OUTRO LONGO DIA!
NO DIA SEGUINTE APÓS A PRAIA...
PAPAI, PAPAI, VEJA!!! OUTRA FESTA!

CONFRATER-
NIZAÇÃO DE
ALGUMA
EMPRESA.
COMO VOCÊ
SABE DISSO,
PAPAI???
BEM, BASTA VER QUE A MAIORIA É HOMEM.
E ESTÃO TODOS DE TERNOS PELO MENOS DOIS NÚMEROS ACIMA DO TAMANHO INDICADO.... HA, HA, HA, HA!
HA, HA, HA! É VERDADE, PAPAI! PARECE QUE ESTÃO NADANDO NAS ROUPAS!
NA MANHÃ SEGUINTE...
PRA MIM CHEGA!!!
AONDE VOCÊ VAI, AMOR?
FAZER UM FAVOR PRA TODOS NÓS! VAMOS PRO MELHOR QUARTO DESTE HOTEL!
NÃO AGUENTO MAIS DORMIR AO SOM DE LAMBADA E ACORDAR SEM SABER SE ESTÁ CHOVENDO OU SE TEM SOL!

TUM TUM
TUM TUM
YES!!! CONSEGUI!
YAY!
VAMOS PASSAR AS DUAS PRÓXIMAS NOITES AO SOM DAS ONDAS!
ACORDAR COM OS PÁSSAROS CANTANDO EM NOSSA JANELA!
AH, E CLARO, A VISTA SERÁ PRO MARAVILHOSO MAR CARIBENHO!
NOSSAAA! QUE ÓTIMO! JÁ PODEMOS IR?
CLARO! TODOS PARA O 809! A RECEPCIONISTA DISSE QUE É O QUARTO COM A MELHOR VISTA!
YAAAAY! ENTÃO VOCÊ PODE TROCAR A FRALDA DA AURORA ENQUANTO EU RECOLHO AS COISAS?
CLARO, ANA!

FICA DEITADINHA, TÁ, FILHOTA?
PAPAI SÓ VAI PEGAR O LENCINHO UMEDECIDO AQUI E...
HMM...
OOOOH, DEUS!!!
O QUE FOI QUE VOCÊ COMEU, FILHA? QUE CHEIRO TERR...
SANTO DEUS! COMO É QUE EU VOU LIMPAR ISSO AQUI???
COITADA DA PESSOA QUE FOR LIMPAR ESTE QUARTO!!!
SEM CONTAR QUE O LENÇOL JÁ ESTÁ TODO MANCHADO E...
OH, NÃO! VAI CAIR NO TAPETE!!!!
HM?

HM...
HMM?
HMMM...
HMMM-MMM?
SE MANDA!
QUER SABER? JÁ FIQUEI VÁRIOS DIAS NESTE QUARTO, QUE MAIS PARECE UMA CELA DE PRISÃO...
#PARTIU809!!!
TAU, COCÔ!
FIM!

PERGUNTAS ANGUSTIANTES, RESPOSTAS INUSITADAS

AARGH...
POXA...
SNIF! SNIF!
NÃO ACREDITO
QUE PEGUEI
ESSA GRIPE.
VUP
VUP
AINDA BEM
QUE TENHO A
MINHA PEQUENA
GRANDE
CUIDADORA
AURORA.
LEVA COM
CUIDADO PRO
PAPAI.
PUFF
PUFF
PUFF
HUM
HUM
HUM.
POTI-POTI,
PERNA DE PAU,
OLHO DE *VIDO*...

TÓ!
OOWNNT. OBRIGADO POR CUIDAR DO SEU PAPAI, FILHOTA.
BRLRL!
ABE A BOCA E TOMA O XALOPI!
NA MANHÃ SEGUINTE...
AMOR, VOCÊ MELHOROU UM POUCO? ESTÁ COM UMA APARÊNCIA NADA BOA...
VOU SOBREVIVER, QUERIDA. NÃO PRECISA SE PREOCUPAR COMIGO.
OLHA SÓ... ATÉ PAREÇO UMA OBRA DE ARTE...

ALGUÉM FALOU EM APARÊNCIA?
AURORA!!! PAPAI PRECISA QUE VOCÊ ARRUME ELE!!!
PUF PUF PUF
SENTA!
OK...
LAMBE LAMBE
PONTU... TÁ LINDÃO!
AGORA TOVA O DENTI.
FIK FIK FIK FIK
PONTU, PONTU... COPE TUDO.
PÁF PÁF PÁF
UFA... DEPOIS DE TODOS ESSES CUIDADOS ME SINTO MUITO MELHOR.
AGORA... PARTIU TRABALHAR!

MAIS TARDE...
NOSSA!!! O ALMOÇO COM AS MENINAS!!!
E EU AINDA PRECISO PASSAR NO MERCADO PRA PEGAR AS FRALDAS DA AURORA!
TAP TAP TAP TAP
BAM
GRANDE
HIPERMERCADOS
VRUUM
CARACA! EM POUCO TEMPO NÃO VOU MAIS PRECISAR FAZER ISSO...
COMPRAR FRALDAS, CUIDAR DA MINHA PEQUENA. POXA VIDA! ISSO NEM ACABOU E JÁ ESTOU COM SAUDADES.
SAUDADES DE AJUDAR NO BANHO...
COLOCÁ-LA PRA DORMIR COM A PEPPA...
DE ENCONTRAR DINOSSAUROS NAS NUVENS...
SAUDADES DE FAZER TUDO ISSO.

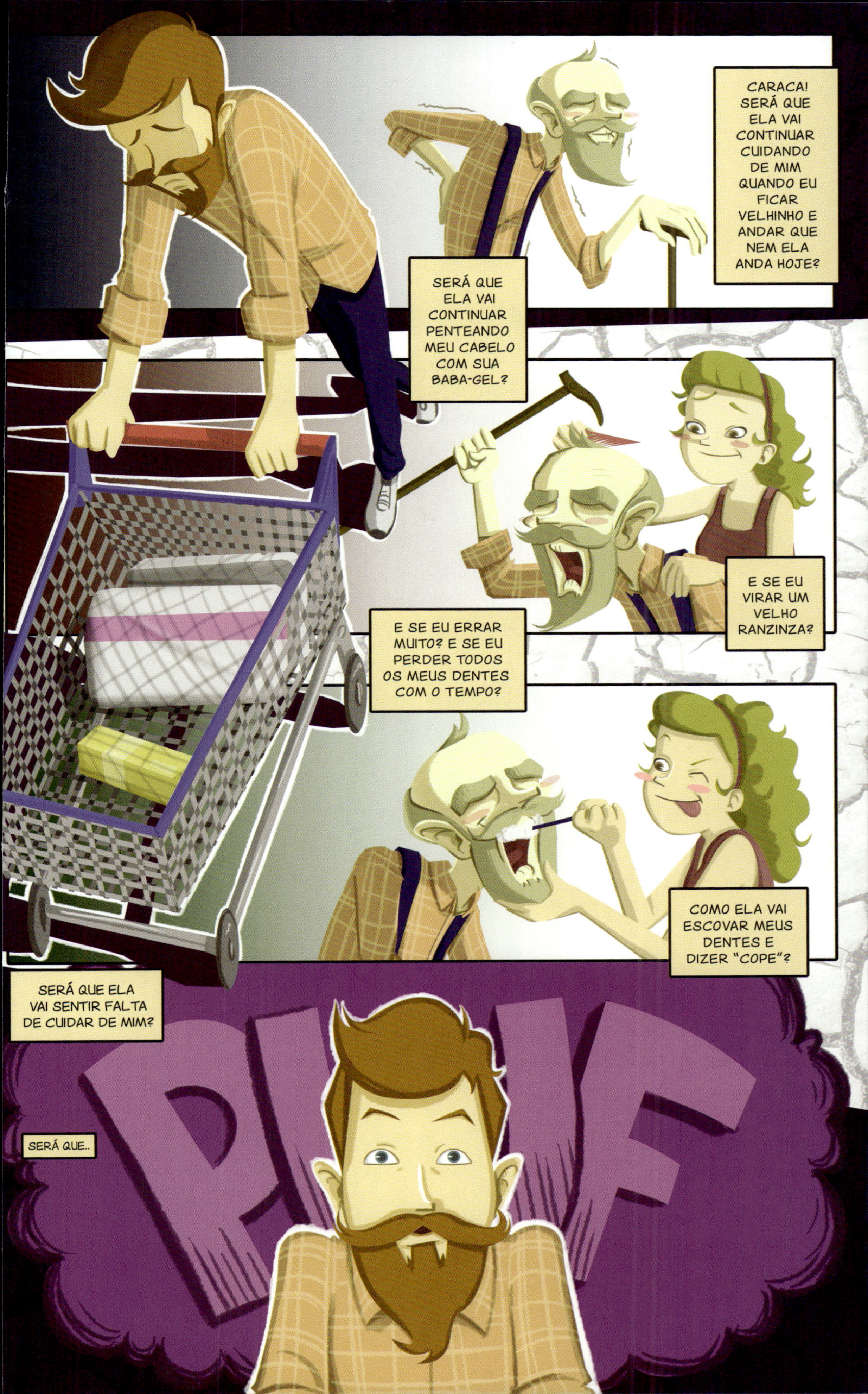
CARACA! SERÁ QUE ELA VAI CONTINUAR CUIDANDO DE MIM QUANDO EU FICAR VELHINHO E ANDAR QUE NEM ELA ANDA HOJE?
SERÁ QUE ELA VAI CONTINUAR PENTEANDO MEU CABELO COM SUA BABA-GEL?
E SE EU VIRAR UM VELHO RANZINZA?
E SE EU ERRAR MUITO? E SE EU PERDER TODOS OS MEUS DENTES COM O TEMPO?
COMO ELA VAI ESCOVAR MEUS DENTES E DIZER "COPE"?
SERÁ QUE ELA VAI SENTIR FALTA DE CUIDAR DE MIM?
PUF
SERÁ QUE..

FOI NESSE MOMENTO...
EXATAMENTE NESSE MOMENTO AS RESPOSTAS PRA TODAS AS MINHAS ANGÚSTIAS SURGIRAM DO JEITO MAIS AURORA DE SER.

OOOI, MEU AMOR. QUE SURPRESA!
TAVA COM SAUDADI DI TUIDAR DI VOCÊ.
AQUELE JEITO DOCE QUE SÓ UM FILHO PODE PROPORCIONAR AO SEU PAI.
FIM!

$ER PAI NÃO TEM PREÇO

BUÁÁÁ!!!
NÃO
TV A
CORTAR
CABO
NÃÃÃO!!! ISSO PODE SER PERIGOSO, ESPECIALMENTE PRA QUEM TEM UMA VICIADA EM PEPPA PIG NA CASA.
MELHOR NÃO!!! A ABSTINÊNCIA PODE GERAR REVOLTAS INCONTROLÁVEIS...

CARACA, SE EU MULTIPLICAR ESSES GASTOS POR 12 MESES E DEPOIS POR 25 ANOS TEREI UM CUSTO DE...
MAIS DE 2 MILHÕES DE REAIS POR FILHO!!!!
ISSO SEM CONTAR OS CASAMENTOS.
...O GASTO COM A LATARIA DO MEU CARRO NOS PRIMEIROS ANOS DE DIREÇÃO...
TÁ CARO SER PAI...
QUE LOUCURA ISSO... EU TÔ PAGANDO PRA PEGAR TRÂNSITO NO PRIMEIRO DIA DE AULA, PRA GANHAR UM DESENHO FEITO EM UMA COR SÓ, EM QUE EU APAREÇO SEM NARIZ.
HA, HA, HA! MANEIRO. SÉRIO... DEMAIS!

ENQUANTO ISSO, NA ESCOLA...
AHHH! NÃO VEJO A HORA QUE A MAMÃE CHEGUE!
QUERO CHEGAR EM CASA E COLOCAR MINHA ROUPA DE MULHER MARAVILHA! YEAAAH!
NÃO ENJOOU AINDA? VOCÊ PRATICAMENTE SÓ USA ISSO NOS ÚLTIMOS DIAS!!! AFF...
ELA ME DÁ SUPERPODERES! E SABIA QUE EU POSSO DEFENDER VOCÊ?
E A MAMÃE?
ATÉ O PAPAI?
HMMM TÁ! AGORA VEM LOGO QUE A MAMÃE ESTÁ CHEGANDO!
POP

OI, MAMÃE!!! VAI LOGO!!! VAI LOGO!!!
HM?
EITA!!! MAS QUE PRESSA É ESSA, AURORA? CADÊ MEU...
OI, MAMÃE. ELA TÁ ASSIM PORQUE QUER IR PRA CASA USAR A FANTASIA DA MULHER MARAVILHA.
HMM... ENTENDI, FILHA. MAS CALMA...
O TRÂNSITO NESTE HORÁRIO É COMPLICADO. E VOCÊS SABEM COMO É PRECISO TER CADA VEZ MAIS CUIDADO.
RHAMMMMM
ÔÔÔ, MÃE... PRECISO CONVERSAR COM VOCÊ E O PAPAI.
AI AI, JÁ SEI! VOCÊ SEMPRE FALA ISSO.
HMM. PODE FALAR, ANITA.

É QUE VAI TER UM SHOW DA CLARICE FALCÃO E EU GOSTARIA MEEEEESMO MUITO, MUITO, MUITO DE IR!
POR MIM TUDO CERTO, MAS FALE COM SEU PAI TAMBÉM.
YES!!! ENTÃO CHEGA LOGO PORQUE ESSE SHOW VAI SER IMPERDÍVEL!
AH! E VAI TER UMA EXPOSIÇÃO DE FOTOGRAFIA QUE EU TAMBÉM VOU PRECISAR IR!
HMM... ACHO QUE SEU PAI NÃO VAI FICAR MUITO FELIZ COM TANTOS EVENTOS.
CHEGANDO EM CASA...

PAPAAAAAAAAAI!!!
HM?
MAS O QU....
!!
PUF

AI, AI, AI, AAAAI...
OOOI, MINHAS PRINCESAS...
PAPAI! PAPAI! OLHA SÓ, JÁ FALEI COM A MAMÃE... VOU PRECISAR DE GRANA!
VAI TER UM SHOW DA CLARICE FALCÃO E UMA EXPOSIÇÃO FOTOGRÁFICA QUE VAI SER NESSE FINDI!
PAPAI, PAPAI! E EU QUERO UMA ROUPA NOVA DA MULHER MARAVILHA!
COMPRA? COMPRA? COMPRA? COMPRA?
AI, AI, AI! POXA, FILHOTAS...
ASSIM VOCÊS MATAM O PAPAI...
VEJAM SÓ, MENINAS... JÁ COMPREI VÁRIAS COISAS PRA ESCOLA DE VOCÊS...
COMPREI MOCHILA, MATERIAL NOVO, UNIFORME NOVINHO. ASSIM ACABA FICANDO MUITO DIFÍCIL PRO PAPAI, NÉ, FILHOTAS?
HMMM...

...
A VERDADE É QUE ESTOU PAGANDO TUDO ISSO COM MUITA FELICIDADE.
É UMA PECHINCHA POR ABRAÇOS.
CADA ABRAÇO E CADA BEIJO ME FAZEM ECONOMIZAR UMA FORTUNA.
FORTUNA QUE GASTARIA COM PSICÓLOGOS, CARDIOLOGISTAS E REMÉDIOS...
SORTE MINHA TER ENCONTRADO ESSA PROMOÇÃO INFINITAS VEZES MELHOR QUE A MOCHILA DA ANITA OU A NET PRA AURORA VER A PEPPA.

SMACK
SMACK
FIM!

Muito obrigado por comprar este livro!

A FAMÍLIA PIANGERS DOA SUA PARTE NOS LUCROS DA VENDA DESTE LIVRO PARA INSTITUIÇÕES QUE AJUDAM CRIANÇAS EM SITUAÇÃO DE FRAGILIDADE SOCIAL.
FACEBOOK/MARCOSPIANGERS

PARA CADA PRODUTO COMPRADO, A BELAS LETRAS DOA OUTRO PARA BIBLIOTECAS QUE PRECISAM.

CONHEÇA NOSSO PROJETO
WWW.BELASLETRAS.COM.BR